Écris ta vie !

Les mots que tu vas lire,
demain tu pourras les écrire…

éditions invenit

Émergence a 20 ans

Plus de diversité, plus de réussite…
Bourse, accès à un réseau professionnel, coaching dans la durée…
Initié en 2002 par Aréli, soutenu par une centaine de partenaires aujourd'hui, le programme Émergence permet à des jeunes issus de milieux modestes, entreprenants et motivés, de s'inventer un avenir à la hauteur de leur potentiel et de leurs ambitions.
www.areli.fr

En 2022, le programme Émergence fête ses 20 ans !

En vingt ans, plus de 800 jeunes ont été lauréats d'Émergence, au rythme d'une promotion de 30 à 50 lauréats par an.

Grâce à l'accompagnement de ce programme, ces jeunes ont pu aller au bout de leurs projets et de leurs rêves. Ou les transformer, les faire évoluer.

Plus de 800 lauréats, c'est aussi plus de 800 histoires personnelles et trajectoires singulières.

À l'occasion de cet anniversaire des 20 ans, 12 lauréats, en études ou diplômés, se sont réunis pour un week-end d'atelier d'écriture avec l'écrivain Patrick Varetz. Il leur était demandé d'écrire une lettre à une fille ou un garçon qui ressemblerait à ce qu'ils pouvaient être avant qu'ils vivent l'expérience Émergence.

En encourageant leurs lectrices ou lecteurs imaginaires à aller de l'avant, à prendre en main leur destin pour déjouer les pronostics, ces 12 lauréats disent que OUI, il est toujours possible de faire des études supérieures, alors même que l'on ne dispose pas au départ des meilleures chances.

Les lettres à lire ici débordent d'énergie. Elles parlent des rêves comme des doutes et des difficultés de tous les jours ; elles évoquent les aides et l'accompagnement qui sont trouvés en chemin, mais aussi les rencontres qui, demain, pourront changer la vie.

Érika et Patrick

CHICAGO
47
T & DEGUING
de corps de grande ren
pratique élégante de la

« La découverte de
la nouveauté, l'acquisition
d'idées nouvelles, la mise
en pièce des vieux préjugés,
l'ouverture du cœur et de
l'esprit, sont les véritables
fruits d'un voyage
correctement entrepris. »
Herman Melville

Douze à table

Patrick Varetz

Je les revois encore, assis autour de cette table trop grande, là où doivent siéger d'habitude les conseils d'administration. À l'expression de leurs visages, je crois deviner les questions qu'ils se posent. Ils sont douze, quatre filles et huit garçons, mais c'est à peine si on les entend. Certains échangent quelques mots à mi-voix, d'autres s'adressent à distance des signes de reconnaissance. Quelques rires viennent briser le silence. Un instant, tous semblent suspendus au souffle du climatiseur (car malgré l'heure matinale, il règne au-dehors une touffeur inaccoutumée pour ce mois de juin). Tiphaine Duquesnes, manageur du programme Émergence, que tous connaissent, les accueille et les remercie au nom d'Aréli. En quelques phrases, je tente alors de rappeler pourquoi nous les avons réunis là, pendant ces deux jours. Chacun va écrire une lettre, et toutes ces lettres vont être rassemblées dans le livre que vous tenez aujourd'hui entre les mains.

Mais tout d'abord, avant de trop en dire, je leur demande de se présenter et d'évoquer rapidement leurs parcours. Dans mon souvenir, c'est Ismaël, le plus jeune, qui lève le bras pour commencer (quand il décline son prénom, je pense aussitôt aux premiers mots de *Moby-Dick*, le roman d'Herman Melville — « Appelez-moi Ismaël... » —, et je me dis que cet atelier d'écriture ne saurait commencer sous de meilleurs auspices). Je pensais que ce tour de table serait hésitant et vite expédié. Au contraire de quoi je suis surpris de voir chacun s'exprimer avec aisance, même quand il s'agit de détailler un parcours personnel souvent compliqué. Ce qui me frappe surtout, sur le moment, c'est la grande qualité d'écoute dont le groupe fait preuve. Tout le monde fixe l'orateur, et personne ne songe à pianoter sur l'écran de son téléphone.

Je ne suis plus totalement sûr de l'ordre dans lequel ils prennent la parole. Mais chacun, lors de cette première prise de contact, marque mon esprit à sa façon. Plus que les mots, je retiens surtout les gestes, les regards, et certaines postures. Ismaël, d'entrée de jeu, qui compense son jeune âge par un allant et une bravoure dans l'œil que rien ne paraît devoir entamer. Hamza, presque timide, mais qui pose d'emblée sa voix pour faire valoir la rigueur et la volonté qui sont les siennes. Gagik, tout à la fois robuste et fragile, qui s'exprime à mots comptés, avec un souci constant de la précision. Christophe, le plus secret et le plus inquiet peut-être, qui laisse éclater son rire pour mieux s'extraire de sa carapace. Alicia qui, malgré son assurance, a du mal à dissimuler sa rébellion et une sensibilité à fleur de peau. Érika qui, après avoir évoqué son enfance difficile, tient son ventre à deux mains en riant, comme pour mieux nous inviter à parler d'avenir. Adami, dont la fausse nonchalance et le sourire désarmant rendent les traits d'humour encore plus percutants. Kelian, dont la stature de colosse affiche une grande sérénité, l'illustration parfaite de la force tranquille. Ibrahim, dont le talent oratoire et parfois l'exubérance dissimulent à mon sens une profondeur insoupçonnée. Daniel, qui semble vouloir contenir à chaque instant la flamme intérieure qui l'anime, de peur, peut-être, de s'embraser. Anissa, qui multiplie les effets de mains et de cheveux pour donner force et vie à son propos. Océanne, enfin, qui est allée puiser dans la colère la force de renverser l'ordre établi, et qui vibre aujourd'hui d'une certaine fierté. Je les revois tous les douze, assis autour de cette table, le cœur à nu, prêts à écrire une lettre à quelqu'un qu'ils ne connaissent pas, mais qui leur ressemble déjà.

Il y a beaucoup d'eux dans ces lettres. Une vérité qui ne souffre aucun démenti. Ils n'ont pas cherché à embellir les choses ou à s'exprimer d'une voix différente. Ils témoignent simplement de leur expérience et de l'aide qu'ils ont reçue avec le programme Émergence. Personne, autour de cette table, n'était destiné à faire des études supérieures, et pourtant, ils ont déjoué à leur façon tous les pronostics. Ce qui m'a le plus impressionné chez eux, c'est leur maturité d'esprit, et chez les plus jeunes, cette précocité qui a de quoi surprendre. Tous, quel que soit leur âge, apparaissent pleinement conscients d'être des transfuges de classe, et c'est cela — je crois — qui trempe leur caractère. Ce qu'ils ont accompli, et ce qu'ils s'apprêtent à accomplir demain, ils le doivent d'abord à eux-mêmes.

Les lettres à lire dans les pages qui suivent ont été écrites dans le cadre d'un atelier d'écriture conduit par Patrick Varetz les 18 et 19 juin 2022 dans les locaux d'Aréli.
À cette occasion, les Frères Lumières ont saisi quelques instants du travail et ont réalisé les portraits des lauréats.

Océanne

Tous les ans, 30 à 50 jeunes lycéens futurs bacheliers, entreprenants et motivés, intègrent le programme Émergence : parrainage, accès à un réseau professionnel, coaching et bourse. Ils sont épaulés pour réussir leurs études supérieures et leurs parcours vers la vie professionnelle.
EN 2021
POURQUOI PAS VOUS ?
#BOURSE D'ÉTUDES
#RÉSEAU

Kelian

Érika, Adami, Ibrahim et Patrick

Océanne, Ismaël, Hamza et Gagik

Alicia

Ismaël

Daniel

Les lettres

ÉRIKA

L'espérance

À Toi qui lis cette lettre,

Est-ce que tu crois au hasard ? À la chance ? Au destin, peut-être ? Dirais-tu que c'est le hasard qui t'a amenée là où tu en es aujourd'hui ? Dirais-tu qu'il t'a manqué la chance que tant de jeunes ont, et qui leur permet d'avoir une vie facile ?

Dirais-tu que ce que tu vis là, c'est tout simplement ton destin ?

Peut-être es-tu tombée sur cette lettre par hasard ? Peut-être penses-tu que tu as juste de la chance d'avoir rencontré la personne qui t'a remis ce livre ? Peut-être penses-tu que c'est le destin qui a voulu que tu lises cette lettre ?

Peu importe la manière dont cette lettre est arrivée jusqu'à Toi, je te propose de lire ces quelques mots en te disant que cette lettre t'est bien destinée à Toi.

Cette lettre a bien été écrite pour Toi.

En effet, je t'écris ces mots, car je sais que jusqu'à présent, ton parcours a été semé de beaucoup d'embûches. Je sais que tu as été confrontée à des situations qui t'ont découragée, et même blessée. Tu es passée par beaucoup de déceptions, de colères, de tristesse, d'incompréhension. Tu as connu des personnes qui pensaient pour Toi, sans forcément penser à Toi.

Je t'écris ces mots parce que j'ai été la personne que tu es.

J'ai été Toi dans une vie pas si lointaine que ça, j'ai été Toi dans une vie passée. Une vie passée qui n'est plus ma vie présente, une vie passée qui n'est plus la vie que je vis aujourd'hui.

Comment le quotidien que je vivais alors n'est-il pas devenu le quotidien que je vis à présent ? Comment en suis-je arrivée à parler d'une vie passée qui est à l'opposé de ma vie présente ?

Ma réponse à ces questions est dans cette lettre que je veux partager avec Toi.

Tout cela est possible en ouvrant les yeux sur un autre monde, un monde un peu différent de celui que tu connais aujourd'hui. Un monde où des personnes croient en Toi. Oui, il y en a. Un monde où des personnes croient en ta capacité à contribuer au développement d'une société meilleure. Oui, tu as cette capacité. Un monde où des personnes pensent que tu as un réel potentiel pour faire évoluer les mentalités. Oui, tu as ce potentiel.

Un monde où des personnes nourrissent un véritable espoir pour des jeunes comme Toi, issus de milieux difficiles. Un monde dans lequel un programme comme celui d'Émergence existe.

Quoi ?... Tu lèves déjà les yeux au ciel en te disant : « C'est quoi encore ces balivernes ? Ces discours sortis tout droit d'un conte de fées ? Encore une qui va me jouer la carte du tout beau, tout gentil... » Je te le redis : je te connais, j'ai été Toi, donc je sais ce que tu penses, là, maintenant.

Mes propos vont te paraître naïfs, utopiques, déconnectés de la réalité et pourtant...

Ce sont les propos que l'on m'a tenus quand j'étais Toi. Des propos dont la véracité m'est apparue par la suite. Toi aussi tu auras l'occasion de donner vie à ces espoirs que les gens placent en Toi, de les rendre concrets, sur le plan personnel et sur le plan professionnel. À travers

« Peut-être es-tu
tombée sur cette lettre
par hasard ?
Peut-être penses-tu
que tu as juste
de la chance d'avoir
rencontré la personne
qui t'a remis ce livre ?
Peut-être penses-tu
que c'est le destin qui
a voulu que tu lises
cette lettre ? »

les apports d'Émergence, ou à travers tes propres expériences.

Le quotidien que tu vis aujourd'hui n'est pas ton quotidien de demain ni celui d'après-demain. J'en sais quelque chose, je te dis, puisque j'ai été Toi il n'y a pas si longtemps… Sache que tu as en Toi une force et un courage qui te permettront d'aller au-delà des *a priori* et des idées reçues.

Malgré tous les obstacles, les défis et les difficultés que tu vas devoir encore affronter, tu feras de belles rencontres, tu entendras des témoignages encourageants, tu seras témoin et actrice de magnifiques expériences. Tu arriveras à prouver, d'abord à toi-même, que RIEN n'est une fatalité : ni la pauvreté, ni la maladie, ni la violence, ni la peine.

Comment ?

Tout d'abord, en t'entourant des bonnes personnes. Que ces personnes te connaissent un peu, beaucoup ou pas du tout. En t'entourant de ces personnes qui ne veulent que ton bien.

Mais encore ?

En te focalisant sur les aspects positifs de ton parcours passé, actuel et futur. Des aspects positifs qui te tirent vers le haut, et qui doivent te servir pour continuer à te construire et à te reconstruire.

Quels aspects positifs ?

À toi de me le dire : ton courage ? Ta force intérieure ? Ta foi ? L'amour bienveillant de tes proches ? Une belle amitié ? Tes rêves ? Ta persévérance ? Ton envie d'aller plus loin ?…

Je conclurai cette lettre par un dernier conseil.

Souviens-toi que les plus grandes barrières qui empêchent l'être d'humain d'avancer sont les barrières qu'il s'impose à lui-même.

Quelles barrières ?

Des pensées négatives : la peur, la paresse, la facilité, l'importance accordée aux choses futiles, l'égoïsme, le manque de travail… Et tant de choses encore qui empêchent l'être humain de s'améliorer et de faire de ce monde un monde meilleur.

Cette lettre ne t'a peut-être pas convaincue totalement. Ce que j'espère en tout cas, c'est qu'elle t'a apporté un minimum de réconfort et de confiance dans ce que l'avenir peut te réserver. Si vraiment il doit t'en rester une seule chose, que ce soit la confiance en Toi, et, pourquoi pas, la confiance en un programme comme celui d'Émergence.

Avec toute mon affection.

Une personne qui croit en Toi,

D'origine malgache, Érika Ralambotsirofo est née à Lille en 1984. Après avoir obtenu son baccalauréat scientifique, elle a suivi une classe préparatoire au lycée Gaston Berger, ce qui lui a permis d'intégrer l'école de commerce SKEMA Business School. Au terme de ses études, il y a douze ans, elle a occupé un premier emploi au sein d'une banque. Depuis, elle a évolué dans ce secteur, où elle occupe à présent le poste de chargée d'affaires flux et solutions de paiement. Érika est aujourd'hui maman de trois enfants qui la comblent de bonheur.

ALICIA

La colère

Cher toi, qui me lis quelque part,

Je ne vais pas te mentir ; j'étais très en colère. J'avais 18 ans et mes derniers euros en poche ne se gâchaient pas en tickets de métro. Mais pour bouffer.

J'avais un vélo noir. La route du lycée faisait plus de 6 kilomètres. Vingt minutes en danseuse tous les matins. Cela dit, c'était peut-être le meilleur moment de la journée. Parce que la montée du quartier des Bois-Blancs, en vitesse 5, quand il faut être en cours à 8 heures, ça épuise. Et cette fatigue, à l'aube, venait éteindre le foyer que je trimballais partout dans mon ventre. La rage.

J'avais la rage de tout. La moindre injustice me brûlait le bide.

Et j'en voulais à mes parents. Peu de gens pouvaient comprendre, pas même ma sœur. Je ne leur en voulais pas pour ce qu'ils étaient. Et certainement pas pour cette honte sociale dont je tirais une évidente fierté. J'en voulais à mes parents de m'avoir rendue si vulnérable. Parce que pour moi, c'était la double peine : rattraper tout mon retard sur le savoir, et en plus avec le cœur amoché.

Comme toi, j'avais l'impression d'avoir un retard monstre sur la vie. Et tout ce qui se mettait en travers de ma route, de l'objectif fixé, me semblait futile. D'ailleurs, à l'époque, je ne lisais que des livres « utiles ».

« Peut-être même que
tout cela inspirera un
film, ou même un livre.
Et ça sonnera plus
juste que tout ce qui
a déjà été publié. »

C'est à ce moment-là que l'association m'a « cueillie », pour ainsi dire. Je n'étais pas exactement une bonne élève. On ne m'a pas remarquée pour mes bonnes notes. J'avais juste l'intelligence des situations.

Je ne sais pas si toi qui me lis, tu étais dans la même situation que moi, avec des notes plutôt tièdes et des commentaires assez piteux des profs. Peut-être que tu es tout l'inverse, du genre studieux. Et tu as bien raison. Parce qu'il faut une certaine force d'esprit pour être constant.

Ce n'est pas flamboyant, la constance. C'est un travail discret. Une noblesse besogneuse. Rentrer tous les soirs chez soi, le dos cassé, et déballer son sac lourd de tous ses livres de classe pour se mettre à la tâche, avec parfois le repas à faire, la télé allumée et les infos en boucle. Des parents qui te questionnent sur ta journée, et toi qui ne rentres pas dans le détail. La gêne de leur parler de quelque chose d'un peu trop technique qu'ils ne comprennent pas. Cette sensation, aussi, quand ils détournent le regard. Peut-être que tu crois qu'ils s'en foutent, mais peut-être qu'ils ont juste honte, parce qu'ils ne comprennent pas vraiment ce que tu leur racontes, alors ils détournent le regard et passent à un autre sujet.

Tes parents, ils ont peut-être dans les pattes la fatigue d'une journée à s'occuper de tes frères et sœurs, à courir derrière un travail éreintant. En tout cas, toi, tu as du mal à te concentrer sur la rédaction d'une copie double à rendre pour dans trois jours. Peut-être que, de ton côté, tu as abandonné l'idée d'échanger avec eux. Tu vois le monde coupé en deux. Il y a la famille et le reste. Et tu t'attaches à cloisonner ces espaces pour qu'aucun ne déborde sur l'autre. Tu t'isoles. Tu refuses parfois de l'aide.

À n'en point douter, tu arrives à un âge où tu as dépassé le niveau d'études de tes parents. Tu connais la rengaine, je ne t'apprends rien. Tu n'as pas grandi avec une bibliothèque à la maison et les visites aux musées. Peut-être que, comme moi, tu te souviens de la première fois où ta mère a déposé une encyclopédie sur le tapis roulant du

Auchan, ou de son regard quand tu lui as annoncé pour ton diplôme. En y repensant, comme moi, des années plus tard, tu considéreras tous ces moments avec tendresse.

En attendant, si tu es un peu avancée dans la vie, tu dépasses non seulement tes parents en taille, mais aussi en argent. Dans cinq ans, tu gagneras deux fois leur salaire. Dans dix ans, trois fois, et peut-être plus. Ou peut-être pas, peut-être que ça t'écorchera la bouche de leur demander de l'argent malgré ta bourse, parce que tu auras choisi les humanités. Parce que nous autres, on échoue plus généralement dans ce qu'on appelle « les humanités » : sociologie, histoire, philo. Nous, je veux dire nous autres, filles et fils de pauvres.

Souvent parfois tu soupires, et tu te dis « À quoi bon ? » Module différemment les deux premières syllabes, et dis-toi juste : « Tiens bon ! »

Je pourrais m'épancher précisément sur mon parcours et te raconter en détail le bac avec mention, la fois où j'ai été mise à la rue en pleine année scolaire de Sciences Po par une logeuse raciste, les fins de mois difficiles malgré la bourse. Les centaines d'euros qui passaient dans l'achat massif de livres. Mon premier job, le premier livre que j'ai écrit.

Mais je préfère te parler de toi.

Certains d'entre nous sont passés des quartiers de l'Alma de Roubaix à La City, d'Armentières à Dubaï. Quoi qu'il t'arrive, tu sauras t'adapter. C'est ça que je veux te dire. Parce que tu rejoindras comme nous tous le parti de l'esquive. Tu pourras onduler d'un milieu social à un autre, avec un naturel félin. Tu sauras parler le langage de l'entreprise le matin, celui des livres le midi, et reprendre l'accent de tes parents le soir et les week-ends.

Ça n'arrive pas d'un coup, c'est un long chemin. Il te faudra marcher sur des cailloux, ravaler ta fierté ou plutôt la dompter pour y puiser toute sa puissance aux moments opportuns. Il te faudra aussi arrêter de t'excuser de n'être rien, ou de ne venir de nulle part.

Il faudra vivre avec l'humiliation immédiate de te faire corriger, parce que ton orthographe est boiteuse, et certains se feront un malin plaisir de t'abaisser. On dira que tu es insolente. On dira que tu es prétentieuse. Et tu te sentiras seule. À côté du monde, le cul entre deux chaises, divisée en toi-même.

Peut-être que tu t'oublieras en chemin. Ça arrive aussi. Tu n'aimeras que les grands auteurs français classiques, que tu achèteras par cartons lors de tes passages à Paris alors que tu travailles dans un paradis fiscal, et tu n'ouvriras jamais un livre qui parle du monde d'où tu viens ou de celui de tes parents. Tu apprendras des citations par cœur, que tu recracheras de façon opportune (certains, comme ça, sont devenus ministres, vrai de vrai, je te jure). Tu chercheras peut-être dans les yeux de ceux qui te rejettent un regard d'approbation. Je ne te juge pas. On se ménage comme on peut.

Sache en tout cas que des portes s'ouvriront. Celle d'un nouvel ami qui partage un coin du canapé, un soir de dèche. Celle d'une future collègue qui te permet d'entrer dans une grande boîte. Et puis, un jour, ce sera à toi d'ouvrir les portes pour d'autres. Et on te regardera sans savoir d'où tu viens ni tout ce que tu as vécu.

Peut-être même que tout cela inspirera un film, ou même un livre. Et ça sonnera plus juste que tout ce qui a déjà été publié.

Alicia Bourabaa est née dans la banlieue de Lille en 1990. Diplômée du CFJ et de Sciences Po Lille, elle exerce aujourd'hui le métier de journaliste. Elle travaille régulièrement pour Mediapart en qualité de pigiste, et collabore avec les éditions Goutte d'Or, la maison où elle a publié en 2020 son premier roman. À partir de janvier 2023, Alicia donnera également des cours d'enquête journalistique à l'université de Valenciennes.

CHRISTOPHE

La niaque

Salut, cher inconnu !

On ne se connaît pas, mais je crois qu'on a plein de trucs en commun. C'est pour ça que je t'écris. Je te vois en train de te préparer à l'entretien pour intégrer Émergence, et qu'est-ce que t'as l'air stressé !

Je me rappelle ces moments où tu as l'impression de jouer ta vie. Le cœur qui bat à 100 à l'heure, les « j'espère que ça ne va pas se voir, que ma langue ne va pas fourcher… » Je détestais ça, à l'époque. Beaucoup trop de stress à supporter.

Moi aussi, je me disais ces trucs : « Faut vraiment que j'y arrive. Parce que je n'ai pas le choix, en fait. Si je n'y arrive pas, ma famille sera déçue. Et puis ils vont penser quoi, mes potes, mes profs, bref, toutes celles et tous ceux qui croient en moi ? Ça fait tellement de temps que je les saoule avec ça en plus, et qu'ils me soutiennent. Et puis même moi, d'ailleurs, je serai déçu, surtout moi. Putain, quel temps perdu ! »

En vrai, tu as raison de te dire ça. C'est ton moteur. Et tu as raison, si tu échoues, il va y avoir de la déception. Mais ce n'est pas grave, en fait. Ce n'est pas grave, parce que tu tentes le coup. Tu as la niaque. C'est ça qui est fort.

Tu as l'impression de jouer ta vie, et c'est bien que tu t'en rendes compte. Certains entretiens, certaines rencontres changent une vie. Pour le meilleur ou pour le pire, parfois pour les deux. Mais, s'il te plaît, accorde ton temps à ceux qui veulent t'apporter le meilleur. Et sois fier.

Parce que tu peux déjà l'être, fier. Toutes les personnes qui connaissent la galère devraient l'être. Je parle de la vraie galère, hein, celle qui dure trop longtemps. Celle qui te fait grandir trop vite quand tu es gosse parce que tu as déjà trop de responsabilités. Celle qui fait vieillir tes parents, tes frères, tes sœurs, trop vite. Trop de rides et de cheveux blancs trop tôt, je sais de quoi je parle...

Alors, la galère, je suis au regret de te dire qu'elle ne va pas totalement te quitter. Ça marque, ces choses-là. Mais la vie sera sûrement plus douce, je te le souhaite. En même temps, quand tu pars de très bas, ce n'est pas compliqué que ça aille mieux. Ah, aussi, promets-moi un truc ! Si la vie te sourit, n'oublie pas tes moments de galère, reste connecté à ça. Parce qu'il ne faut pas se renier, surtout pas. Et parce que c'est une force que tu garderas toujours en toi, alors chéris-la.

Ça te permettra de briser ce cercle vicieux, voire de le faire tourner dans l'autre sens pour qu'il devienne vertueux, par exemple en tendant une main vers ceux qui galèreront quand toi aussi, un jour, tu pourras dire que tu as «réussi». Je te le souhaite, en tout cas.

En vrai, moi-même, à presque trente ans, je ne sais pas trop ce que ça veut dire «réussir». C'est très relatif, en fait, donc je ne vais pas disserter là-dessus. En tout cas, je peux te dire que je suis content d'être là où je suis, et je vis mieux qu'il y a dix ans. C'est déjà beaucoup, en fait.

Donc, oui, n'essaie pas de ressembler à tous tes futurs «camarades» d'école ou de fac. Ceux qui ont la chance de connaître des galères seulement passagères, qui ont pu se permettre d'être égoïstes, de ne penser qu'à eux toute leur vie. Je me doute que tu n'as pas forcément eu l'occasion de l'être, égoïste, et que ça te donne envie,

« Je me rappelle
ces moments où tu as
l'impression de jouer
ta vie. Le cœur qui bat
à 100 à l'heure ! »

parce que, merde, toi aussi tu as le droit de ne penser qu'à toi. C'est vrai, mais ne le sois qu'un peu, alors. Pense toujours aux autres, ils te le rendront.

Parce que tu vas en rencontrer, des jeunes qui ont eu une vie plus facile. Tu vas même en rencontrer qui vont se la péter, et ça va peut-être t'impressionner. Si c'est le cas, n'oublie pas que tu as plus de mérite qu'eux, et qu'en vrai, ils portent un masque (car eux aussi, ils ont leurs problèmes). Alors, reste fidèle à tes valeurs, va vers les autres, apprends à les connaître pour ce qu'ils sont. D'ailleurs, vous aurez plein d'occasions de faire la fête ensemble (c'est un côté sympa des études, ça aussi).

Mais bon, avant de penser à l'école et aux soirées, faut le gérer, cet entretien. Allez, vas-y, montre-leur ce que t'as dans le ventre, et reste naturel, *ça marche toujours.*

Eh oui, tu joues peut-être ta vie aujourd'hui !

Un conseil en général : si la porte reste fermée, ce n'est pas grave non plus. Je ne te dirai pas de passer par la cheminée —, ça fait longtemps que tu ne crois plus au père Noël — mais plutôt de passer par la fenêtre, même s'il faut briser la vitre. Ce ne sera pas sans égratignures, mais toi aussi tu as le droit de faire partie de la maison. Et puis, au pire, tu remplaceras la vitre avec ton premier salaire.

J'en ai passé aussi, des entretiens, et on m'en a claqué, des portes au nez. Et tu sais quoi ? Maintenant, je suis collègue avec ces personnes qui ne voulaient pas de moi, et je les trouve géniales depuis que je travaille avec elles. Putain, ça, j'en suis fier !

Allez, tu vas y arriver, moi je crois en toi. Et puis tu as des choses à défendre, non ? Tu sais pourquoi tu es là, non ?

Bon, en vrai, si tu ne sais pas, ce n'est pas grave. Je ne savais pas vraiment non plus, à ton âge. Par contre, j'espère que tu en as sous la pédale, parce qu'il y a du taf et que le chemin va être long. Parce qu'il y a de plus en plus de gens qui sont dans la galère aussi, et ce n'est pas près de s'améliorer. Ces dernières années nous l'ont bien montré.

Je ne vais pas te dresser le tableau, je pense que tu vois bien de quoi je parle. Il y a tellement d'inégalités à combattre, dans le monde ! Et puis je ne suis pas là pour te faire bader, mais garde ton objectif en tête et tu feras la différence. Si des gens comme toi et moi n'arrivons pas à des postes à responsabilités, alors les choses ne sont pas près de changer.

Mais ne t'en fais pas, tu ne seras pas seul, tu vas intégrer un grand réseau d'entraide et de personnes motivées, comme toi, en fait. Allez, on t'appelle, faut y aller ! Prends une grande inspiration, sors ton plus grand sourire, et si tu n'es pas trop stressé, essaie de faire une petite blague pour détendre l'atmosphère.

Et j'espère bien te voir avec nous l'année prochaine !

Allez, merde !

Christophe Turon est né à Lille en 1994. Il a étudié les politiques européennes à l'ESPOL, école de sciences politiques de l'Université Catholique de Lille, puis il a poursuivi avec un master direction de projets culturels à Sciences Po Grenoble. En parallèle, il a effectué plusieurs stages en collectivités territoriales, réseaux européens et think tanks. En 2021, il a intégré la Ville de Lille en qualité de chargé de mission auprès du directeur général du pôle culture et relations internationales.

DANIEL

Le cœur

Cher ami,

Si tu lis cette lettre, ce n'est sûrement pas un hasard.

Peut-être que toi aussi, tu es né à l'étranger, au sein d'une famille simple et très modeste ?

Peut-être que toi aussi tu as dû quitter ta patrie dans l'espoir d'une vie meilleure en France, contraint d'affronter l'inconnu et de nombreuses difficultés ?

Peut-être que les sacrifices et les souffrances de tes parents pour que tu aies une vie plus légère te touchent droit au cœur ?

Peut-être même que ta gorge vient de se resserrer, et que des larmes s'apprêtent à couler, car tu aimes tes parents et tu veux les rendre fiers ?

Mais, en même temps, tu sais à quel point il est difficile de s'échapper du milieu dans lequel tu as grandi.

Tu as l'impression que les autres sont avantagés, alors que toi, tu dois subir les conséquences d'être issu d'un milieu défavorisé.

Tu as l'impression que les autres ont eu plus de chance que toi dans la vie, et que tout est plus facile pour eux.

Tout ça te fait douter de toi et de ton potentiel. Et en plus, tu n'arrêtes pas de te comparer aux autres.

Tu manques de confiance en toi et tu ne te sens pas à la hauteur, voire tu te sens illégitime pour te lancer dans des études supérieures.

« Que ton passé soit
ta force pour cheminer
vers une vie meilleure,
mais reste humble
et n'oublie jamais
d'où tu viens.
Écoute toujours ton
cœur, car il sait ce
qui est bon et juste
pour toi. »

Ces études supérieures qui t'effraient.

En effet, tu serais peut-être le premier de toute ta famille à oser emprunter un autre chemin, un chemin plus difficile, exigeant et inconnu. Mais, avec, en revanche, de belles perspectives d'avenir.

D'ailleurs, tu n'as peut-être personne dans ta famille, ou même parmi tes proches, qui pourrait te conseiller et te guider.

Je te comprends.

Pourtant, tu sens à l'intérieur de toi que c'est la voie à suivre. Beaucoup de tes profs t'encouragent à le faire.

Bien que tu doutes de toi et de tes capacités, tu fais partie des meilleurs élèves de ta classe.

Même si le monde tout entier doutait de toi, sache que ce n'est pas mon cas.

Je sais que tu en es capable et que tu vas y arriver si tu oses sortir de ta zone de confort. Ou, plutôt, si tu oses élargir ta zone de confort.

Tu sais pourquoi ?

Car je suis déjà passé par là et je sais que c'est possible.

Plutôt que de te dire que c'est impossible, alors que tu n'as même pas essayé, pourquoi tout simplement ne pas tenter l'aventure ?

Qu'est-ce que tu as à perdre ?

Qu'est-ce que tu as à gagner ?

Et si tout se passait bien ?

Et si tu sous-estimais l'énorme potentiel qui sommeille en toi et dont tu n'es même pas conscient… pour l'instant ?

Comment te sentirais-tu, après avoir réussi avec succès tes études dans le supérieur ?

Ne serais-tu pas fier de tout le parcours effectué en partant du bas de l'échelle ?

Comment te sentirais-tu si tu pouvais te dire d'ici quelques années : « Oui, j'y suis arrivé alors que je le croyais impossible. Je n'osais même pas tenter ma chance, pourtant je l'ai fait ! »

Quel en serait l'impact sur tes parents, sur ta famille et tous tes proches que tu aimes ?

Quel en serait l'impact sur ton avenir, sur tes futurs enfants, sur ta vie même ?

Tu sais, ce qu'on regrette le plus dans la vie, ce n'est pas ce qu'on a fait, mais surtout ce qu'on n'a pas accompli alors qu'on sentait à l'intérieur de soi qu'on devait absolument le faire.

Sache que les meilleurs joueurs, ce ne sont pas ceux qui ont les meilleures cartes, mais ceux qui font au mieux, avec leurs propres cartes.

D'ailleurs, comme on le dit : « Aide-toi et le Ciel t'aidera ». Ose, et saisis les opportunités que la vie t'offre pour t'aider !

En fait, tu sais ce dont tu as besoin ?

Tu as besoin de quelqu'un qui pourra te guider, te conseiller et te soutenir tout au long de tes études dans le supérieur.

Tu as peut-être même besoin d'un soutien financier, sans lequel tu ne pourras pas te permettre de t'engager dans des études onéreuses.

Tu as sûrement besoin d'être en contact avec des personnes bienveillantes et inspirantes qui ont déjà accompli le chemin que tu veux emprunter. Des personnes qui t'aideront à sortir de ta « prison invisible » pour que tu puisses oser, voir grand et croire que c'est possible aussi pour toi.

Tu as besoin de ne pas te sentir seul face à cette montagne à gravir, face aux épreuves et aux moments difficiles.

Mon cher ami, écoute-moi bien : tu ignores ce que tu ignores, et tu ne sais pas de quoi tu es vraiment capable. Surtout si tu bénéficies de l'aide dont tu as besoin.

C'est exactement ce que propose Émergence, dont je suis par ailleurs lauréat.

Le dispositif Émergence m'a apporté tout ce dont j'avais besoin pour réussir à décrocher mon diplôme d'ingénieur.

Ce que tes parents ou tes proches n'ont pas pu t'apporter, Émergence saura te l'offrir.

Je pense notamment à son large réseau de contacts, dans lequel il y a des médecins, des ingénieurs, des avocats, des commerciaux, ou encore des journalistes. Tous se sont battus en partant de rien, comme toi, pour donner vie à leurs rêves. Ils ont tous eu l'opportunité de bénéficier de l'aide d'Émergence, et cette aide, pour certains, fut cruciale.

Paye le prix maintenant, en termes d'efforts, d'énergie, de travail sur soi. Que ton passé soit ta force pour cheminer vers une vie meilleure, mais reste humble et n'oublie jamais d'où tu viens.

Ne laisse jamais ni un échec ni un succès déterminer qui tu es.

Je crois en toi, car toi aussi tu peux le faire, en osant sortir des sentiers battus et en sachant saisir les opportunités qui se présentent à toi.

Écoute toujours ton cœur, car il sait ce qui est bon et juste pour toi.

Comme l'a dit Abraham Lincoln : « Les épreuves que tu trouves sur ton parcours sont adaptées à ton potentiel. » Les petits potentiels ont des petites épreuves, et les gros potentiels de grosses épreuves.

Pour terminer, mon cher ami, ne te laisse pas freiner par tes peurs ni tes doutes, mais laisse-toi guider par tes rêves !

Daniel Zawadzki est né en Pologne, dans la région de Wierzchowisko, en 1995. Il est arrivé en France à l'âge de 10 ans. Après avoir suivi une classe préparatoire aux grandes écoles, filière scientifique, il intègre Sup Meca Paris, d'où il sortira ingénieur. Il exerce aujourd'hui le métier d'énergéticien.

GAGIK

La volonté

Cher étudiant,

Que tu sois au lycée ou en études supérieures, que tu sois l'élève brillant ou celui qui s'accroche, que tu saches ce que tu souhaites faire de ta vie ou que tu sois complètement perdu dans ta réflexion, laisse-moi te dire quelques mots, qui, j'espère, te seront bénéfiques.

Avant toute chose, je tiens à te préciser que les rêves se réalisent et qu'aucune épreuve n'est insurmontable dans la vie. Cela peut te paraître bien beau, mais les seules barrières infranchissables sont celles que l'on se fixe à soi-même. Rassure-toi, je ne cherche pas à t'entraîner dans un récit philosophique, mais simplement à te dire ce qui est possible.

À toi l'étudiant qui t'accroches, qui penses parfois à tout abandonner. Des raisons pour tout lâcher, tu en as plein. Tu concilies les études et les petits boulots, et tu entends sans cesse des gens qui te répètent d'abandonner car tu n'y arriveras pas. Pourtant, tu ne te décourages pas, car au fond de toi, la soif de réussir t'anime. Tu souhaites rendre fiers les tiens si tu es entouré, prendre une revanche sur la vie, ou simplement réussir, car tel est ton projet.

Sache que ta réussite, ta victoire, sera encore plus belle.

À toi l'étudiant brillant, qui excelles à l'école, mais qui manques de repères dans le monde professionnel.

Tu n'es pas sûr de faire de longues études, car tu penses que ce monde ne t'est pas destiné. Pourtant, toi aussi, tu possèdes une solide motivation qui te pousse à ne rien lâcher. Hélas, l'école n'est sûrement pas ta seule préoccupation, mais tu ne la lâches pas, car, au fond, tu as espoir qu'elle t'ouvre la voie à une vie meilleure.

À toi l'étudiant qui es arrivé en France sans parler le français, qui t'es adapté à la culture et as tissé des liens forts avec ce beau pays. Tu es peut-être perdu, et tu te sens illégitime à suivre des études ou à prétendre à des emplois nécessitant une haute qualification. Sache que tu es dans un pays qui offre à tous l'égalité des chances et qu'en travaillant, tu pourras réussir également. Tu as une histoire qui te permettra de te démarquer, et ta légitimité ne sera pas remise en cause.

Globalement, chacun réussit à sa manière et parfois, une simple rencontre suffit pour faire toute la différence. Un programme tel qu'Émergence te soutiendra et t'accompagnera tout au long de tes études, mais pas seulement. Ce programme te permettra également de rencontrer d'autres jeunes aux histoires et aux parcours impressionnants, ce qui te stimulera davantage. Lorsque tu douteras, ils seront à tes côtés, et bien sûr, lorsque tu réussiras, ils seront là également. Grâce au programme, tu auras un parrain ou une marraine qui te fera et te verra grandir, qui t'accompagnera dans tes choix, t'ouvrira éventuellement à un monde professionnel auquel tu n'imaginais pas avoir un jour accès.

Je ne me permettrais pas de te dire tout cela si je n'avais pas moi-même emprunté ce chemin. J'ai fui mon pays et je suis arrivé en France à l'âge de dix ans, où je me suis impliqué à l'école. Mais hélas, la vie n'est pas toujours comme on la souhaite. Tu devines donc que par moments, j'ai dû m'accrocher, mais, en fin de compte, crois-moi, le travail a porté ses fruits. Un travail acharné m'a permis de me distinguer des autres, de réussir le bac, de préparer les concours et d'intégrer la grande

« Si tu ne devais retenir
qu'une seule chose
de ce récit, sache
qu'il faut toujours
garder espoir et ne
jamais baisser les bras.
Ne laisse personne
te décourager. »

école dont je rêvais, afin de prétendre aux métiers les plus sélectifs et de travailler dans des domaines qui ne m'étaient pas prédestinés. Toi aussi, une fois parvenu dans le monde professionnel, tu continueras à te distinguer, car au fond de toi, tu possèdes une histoire et une motivation sans faille qui n'arrêteront pas de surprendre tes collègues.

Mon parcours n'aurait pas été possible sans les rencontres marquantes que j'ai eu la chance de faire grâce au dispositif Émergence, mais aussi avant celui-ci. Si tu ne devais retenir qu'une seule chose de ce récit, sache qu'il faut toujours garder espoir et ne jamais baisser les bras. N'hésite pas à retenter ta chance jusqu'à ce que ça marche, et ne laisse personne te décourager.

D'origine arménienne, Gagik Sarkisyan est né en 1998. Réfugié, il est arrivé en France à l'âge de 10 ans. Après avoir obtenu un baccalauréat scientifique, il intègre une classe préparatoire scientifique avant de rejoindre le programme grande école de l'EDHEC Business School. Il a réalisé deux stages de six mois en fusions acquisitions à Paris, puis il est parti étudier à l'université de Birmingham en Angleterre, en 1ère année de master. Actuellement, en dernière année à l'EDHEC Business School, Gagik se lance en parallèle dans un projet entrepreneurial.

KELIAN

La force

Lève-toi !

Je sais que tu fais semblant tous les jours. Arrête ton cinéma, frérot. À la maison, ça ne va pas. Dans ta tête aussi, c'est le brouillon. Tu ne sais pas quoi faire, mais garde la foi. Dieu envoie ses plus grands combats à ses plus grands soldats.

Tu arrives à l'université après avoir rejoint Émergence, et tu es perdu dans cet univers «parallèle». Tu croises des personnes du même âge que toi, mais qui n'ont jamais eu de problèmes dans leur vie. Leur seul problème, c'est de savoir si «père» leur enverra leur virement pour payer le loyer et les loisirs du mois. Tu aimerais bien leur raconter ne serait-ce qu'un dixième de tes problèmes, mais tu ne le feras pas, car tu es et tu te sens différent. Je le sais. Garde espoir : certaines personnes, dans ces amphis, ont un bon fond, et elles t'aideront à t'épanouir dans ta vie étudiante.

Tu adores t'habiller en survêtement, je le sais. Tu te sens bien dedans. Mais tu débarques dans un monde où la chemise et le pantalon sont devenus une norme. La norme d'un monde auquel tu n'appartiens pas. Alors tu te renfermes, tu ne parles à personne. Tu es ici en mission d'infiltration. Tu pensais que ta mission était secrète ? Eh bien non, je la connais : tu dois rapporter ce diplôme à la maison et devenir la fierté de la famille. Et surtout, tu dois rendre ta maman fière avant qu'elle ne parte. Oui, elle

« Pour y arriver,
tu vas devoir découvrir,
comprendre et
appliquer un seul mot :
TRAVAIL.
Prépare-toi à travailler
plus que les autres.
Dans la vie, rien ne
te sera donné. »

ne va pas demeurer là éternellement. Plusieurs fois, tu as entrevu la faucheuse par la fenêtre, sans jamais savoir si elle s'arrêterait à ta porte.

Cette peur de ne pas la rendre fière te réveille parfois la nuit, je sais. Mais tu ne dois pas te plaindre, surtout pas devant ta famille et tes amis, car tu as cette chance d'étudier. Alors encaisse, et fais le dos rond.

Tu te retrouves sans doute dans tout ce que je te dis. Mais pour y arriver, tu vas devoir découvrir, comprendre et appliquer un seul mot : TRAVAIL. Prépare-toi à travailler plus que les autres. Dans la vie, rien ne te sera donné. C'est facile : prépare-toi à ne jamais obtenir quelque chose facilement. Ton quartier, ta famille et ton parcours font que tu vas devoir travailler plus que les autres.

Tu en seras malheureux ? Non.

Ça va prendre du temps pour qu'ils comprennent, mais ils vont comprendre, frérot. Je te le promets. En découvrant ce mot, TRAVAIL, tu vas découvrir des camarades de galère et bâtir de vraies amitiés, sur des bases solides. Tu vas tellement bosser que tu vas oublier tes proches. Mais ne t'inquiète pas, ta maman comprendra et sera fière de ce que tu fais, même si tu lui manqueras, parfois, à la maison.

Les premiers petits succès vont arriver, mais n'oublie pas les mots de ta maman : « Reste humble, et n'oublie jamais d'où tu viens. » Au plus profond de toi, tu sais que tu vas y arriver. Et moi, je le sais. Tes amis le savent. Ta famille le sait. La marche entre toi et ton destin s'appelle le travail.

Je sais que tu voudrais avoir trois mois de vacances comme tous ces fils à papa de ton université. Mais ton destin, c'est d'enchaîner les jobs étudiants, les missions d'intérim, avant de partir une semaine. Une semaine dont tu ne profiteras même pas. Tu te reposeras simplement de cette année de travail acharné. C'est le processus.

Tu sais, j'ai 23 ans. Ma société existe depuis deux ans, et pendant ces deux années, j'ai subi la pression des banques, de mes employés, de mes associés, tout en allant en cours, et je continue même de bosser à côté pour boucler les fins de mois. Ce n'est pas la vie que j'espérais, mais j'applique le principe que j'essaye de t'expliquer depuis le début : LE TRAVAIL. Il est toujours récompensé. Ne sois pas pressé, ça va prendre du temps, mais à la fin, ils comprendront. C'est le processus.

Tu auras des moments de doute. Tu auras envie d'abandonner, mais reste concentré. C'est le processus. Tu vas vouloir arrêter tes études, les aléas de la vie vont te pousser à sortir du chemin tout tracé. Ta mère, ou quelqu'un d'autre, tombera peut-être malade. À toi de puiser la force qui te manque dans ces situations, pour en ressortir encore plus fort.

Je pourrais continuer à avoir un discours globalement négatif, mais le bien attire le bien, frérot. Tes amis en dehors des cours vont comprendre ta situation et vont t'encourager à rester en cours et à continuer. C'est un soutien qui ne sera pas négligeable, alors utilise cette force au maximum. Tu vas pouvoir appliquer ce que tu apprends en cours avec eux et les aider également sur leur chemin. Tu auras peu d'amis, peut-être deux ou trois, en plus de tes frères et sœurs, et tu ne pourras même pas quantifier le nombre d'heures que vous allez passer ensemble à travailler, rigoler et voyager. Ce sont des amis qui vont devenir des frères, et tu appelleras «Tata» leurs mamans, et tu partageras toute ta vie avec eux. Je peux déjà te dire que tes futurs enfants connaîtront les enfants de ces amis-là. N'oublie pas, si l'un de ces frères de cœur réussit, alors dans ta tête, toi aussi tu réussiras. C'est comme ça que ça fonctionne chez nous.

Tu pourras même rencontrer ta future partenaire, car en travaillant et en faisant le bien, tu vas forcément croiser des personnes faites pour toi. Mais ne sois pas trop pressé. Reste focus sur tes objectifs, et les choses arriveront d'elles-mêmes. Maintenant, visualise un chemin : le chemin de ta vie. Alors que tu avances, tu vas croiser des personnes, de la famille, des amis, et un jour, tu vas rencontrer la femme de ta vie, et cette personne t'attendra peut-être en voiture. Alors que tu avançais à ton rythme, à pied, tu continueras ton chemin encore plus vite à ses côtés, dans sa voiture. C'est une image.

Pour finir, je te dirai que ton combat n'a pas pour but la gloire, le prestige ou l'argent, mais la fierté des tiens. L'important, c'est qu'un jour tu te poses et que tu te dises : « Ma mère est fière, mes amis, ma famille et ma copine sont fiers, et moi aussi je suis fier. Ma mission est accomplie. »

N'oublie pas tes principes et l'éducation de ta formidable mère : reste humble, travaille, aide ton prochain. Reste concentré sur tes objectifs, et surtout, éclate-toi, merde ! Le plaisir est peut-être une chose que beaucoup de personnes ne mettent plus dans l'équation de leur vie, mais il agit comme un *boost* dans tout ce que tu fais. Tu vas gagner énormément de temps avec cette notion de plaisir, alors mets-toi en arrosage automatique de plaisir dès que tu peux. Tu verras, tout deviendra plus facile.

Lève-toi et fonce !

Ta vie commence, face à toi se dessinent deux chemins : le premier, magnifique, et le second, un sentier qui n'en est même pas un. Oublie le premier, il ne découle pas de tes choix et il est beaucoup trop facile et trop beau pour être vrai. Il n'est pas pour nous. Emprunte le second, le plus sombre, le plus compliqué. Celui qui est fatigant et éprouvant mentalement. C'est ce chemin qui découlera de tes choix, de ton travail et de ta passion : c'est le chemin de ta vie.

Chez nous, on commence dans l'obscurité pour finir dans la lumière, et pas l'inverse.

Lève-toi et fonce !

Kelian Nzola-Legrin est né à Villeneuve d'Ascq en 1999. Après avoir obtenu une licence en économie-gestion à l'Université Catholique de Lille (option sportif de haut niveau), il a poursuivi avec un master en commerce digital, option entrepreneuriat, ce qui lui a permis de créer sa première entreprise de coaching. Il travaille actuellement à un nouveau projet.

ANISSA
La générosité

À toi, condamné à t'en sortir.

Si on se croise aujourd'hui, toi et moi, dans ce formidable chahut du monde dans lequel on a été bazardés il y a quelques années, c'est parce que j'ai reçu une aide dans ma course effrénée, et mon petit doigt me dit que tu en as besoin toi aussi.

Et comme je te comprends ! Parce qu'à un moment, dans cette vie, il m'est apparu qu'un coup de pouce était primordial. Car oui, c'est bien plus difficile pour une graine d'éclore sur le béton que dans le terreau fertile des hautes sphères.

Et — attention, cette phrase contient un « placement produit » —, Émergence, c'est le coup de pouce d'une vie. Honnêtement. C'est une espèce de poupée russe de *bonus* qui a infléchi la trajectoire de ma vie.

Quatre ans après être entrée dans le programme, j'ai encore découvert des bienfaits que je ne soupçonnais pas. C'est à cette occasion, et pour t'aider à mon tour, que je t'écris cette lettre.

Reprenons depuis le début.

Moi, c'est Anissa. Je ne vais pas te dire ce que je fais actuellement dans la vie, parce que je sais qu'à ton âge, ça ne m'aurait sûrement rien inspiré. J'ai mis du temps avant de comprendre ces acronymes admirés : HEC, ENS, CFA, CFO, FMI. Il me manquait une grille de lecture, et sans celle-ci, on a beau faire, on reste à la traîne.

Et puis, au moment de prendre des décisions, j'ai dû porter d'autres responsabilités qui excluaient les études exigeantes que j'envisageais. Mais j'imagine que je ne suis pas la seule à avoir grandi dans un foyer sans chaleur, un foyer qui brûle... Ça arrive. Ce n'est pas facile, mais qui a dit que ça devait l'être ?

Dans ce contexte, je suis fière d'avoir obtenu mon bac avec mention très bien. Ensuite, je suis partie pour deux années en fac de psycho. Moins pour étudier que pour gagner un peu d'argent. Mais, surtout, je me suis engagée au sein de la Protection civile. Peut-être car plus que jamais, je comprenais que tous ensemble si seuls, chacun avait besoin d'un geste de son voisin.

Secouriste et bénévole, je suis aussi devenue trésorière de l'antenne, parce qu'il en manquait une. Un pan du monde s'est dévoilé à moi. C'est là que j'ai su ce que je voulais faire : travailler les chiffres pour une entreprise qui porte des valeurs dans lesquelles je me retrouve. Le mot finance ne m'inspirait jusqu'ici que des stéréotypes. C'est en devenant tout à fait par hasard trésorière, en m'engageant au service des autres, que j'ai reçu le début des réponses à mon questionnement sur le monde.

Un de mes souvenirs les plus touchants humainement est celui des centres d'hébergement d'urgence. En période de grand froid, nous installions une centaine de lits d'appoint pour pouvoir accueillir des personnes qui habituellement vivent dehors. Je me souviens, après avoir veillé toute une nuit, m'être étonnée de voir de nombreuses personnes se réveiller à 5 heures du matin. Et puis j'ai compris : les enfants devaient aller à l'école.

Alors, elle a commencé à s'époumoner à l'intérieur de moi. Peut-être que tu l'entends aussi en toi, cette voix qui crie, qui veut, et qui ne te laisse pas tranquille. Et alors qu'elle t'exhorte à le faire, tout changer, et qu'il y

« Alors,
elle a commencé
à s'époumoner
à l'intérieur de moi.
Peut-être que
tu l'entends aussi en
toi, cette voix qui crie,
qui veut, et qui ne
te laisse pas tranquille. »

a une chance pour toi, le constat d'un compte en banque vide, d'une situation instable, t'étouffe.

Si tu la connais aussi, écoute cette voix. C'est difficile de se faire confiance et de croire en soi, quand on est seul à le faire, mais des personnes formidables te donneront des coups de pouce. Car c'est alors que l'engagement est à nouveau venu me trouver. Un engagement en ma faveur, cette fois. L'engagement de l'équipe et des entreprises marraines d'Émergence.

Au même moment, l'audace et la détermination m'ont permis de me réorienter en classe préparatoire ECS, après deux années de fac sans mathématiques (un grand merci à M. Dallenne, à Saint-Paul). Et puis la rigueur, le dépassement de soi et la résilience m'ont permis d'arriver à SKEMA Business School après les concours.

J'ai peut-être été quelqu'un qui te ressemble beaucoup. Alors, de toi à moi, sincèrement, arme-toi d'une confiance qu'on ne t'a pas donnée, mais que tu as dû trouver en toi, et surtout ne leur en veux pas.

Garde confiance en toi, ose tout. Ça vaut le coup.

Je te condamne à t'en sortir.

Bisous.

Anissa Marbouh est née à Villeneuve d'Ascq en 1999. Elle est actuellement en première année de master, spécialisé en finance, à SKEMA Business School. Parallèlement à ses études, elle s'est engagée au sein de la Protection civile. Secouriste et bénévole, elle est devenue trésorière de l'antenne à laquelle elle est rattachée.

Smile
that you send out
RETURNS

ADAMI
L'humour

Salut !

Tu fais quoi ? Tu lis une lettre, je sais, mais à part ça ?

À l'heure où je t'écris, il pleut en juin, Apolline de Malherbe a fait un *bad buzz* climatique et les BTS, groupe phare de la K-Pop sud-coréenne, ont annoncé une pause. Le monde est méchant !

Je suis sûr que tu pourrais prolonger cette liste très pertinente de catastrophes, mais on s'en fiche, en tout cas tel que je t'imagine, tu t'en fiches (je n'ai pas écrit « tu t'en fous » parce qu'il y a des gens sérieux qui vont me lire, mais tu as compris l'idée). Si je dis ça, c'est que j'imagine que tu ne sais pas vraiment où tu vas. À ton âge, je ne le savais pas non plus, et je ne le sais toujours pas vraiment.

Ce que tu sais, par contre, c'est où tu en es. Ce que tu as déjà accompli. Tu te dis peut-être que ce n'est pas grand-chose, tu as tort. C'est déjà énorme (sinon, si tu penses savoir exactement ce que tu veux, déjà : bravo. Nan, sérieusement : félicitations ! Mais il y a quand même peu de chances pour que ça se passe exactement comme tu l'auras prévu).

Pour la suite, je n'ai pas de conseils à te donner pour modeler ta vie, mais je peux te dire comment j'essaye de fonctionner.

Déjà, tu sais que tu ne sais pas, et ça, si tu as suivi en philo, tu sais que c'est déjà pas mal.

« L'aventure n'est pas toujours rose, mais sans moments sombres, on ne reconnaît plus les moments de clarté (ça, ça pourrait carrément être une phrase de Jean-Claude Van Damme). »

Tu sais aussi ce que tu ne veux pas (si tu n'y as pas encore pensé, ça va venir naturellement).

Alors voilà, tu as déjà tout entre les mains. Regarde les options qui te restent, pose des questions autour de toi, au pire vise le plus général et repousse le choix à plus tard. Tu pourras toujours changer d'avis (sauf si tu veux devenir chirurgien à 40 ans ; je ne vais pas te mentir, là, ça va être un peu chaud).

Tu te dis peut-être que je suis un rigolo qui ne comprends rien à ta vie. Tu as raison. Peu importe la pauvreté, le milieu social dans lequel je suis né et les difficultés que j'ai pu surmonter, je me suis toujours dit que j'étais un putain de privilégié. Parce qu'on a toujours fait en sorte que la cruauté du monde ne m'atteigne pas, parce qu'on a toujours cru en moi, on m'a toujours aimé, on m'a toujours dit que je pourrais réussir. Et parce que j'ai eu beaucoup de chance, aussi.

Mais la chance, il faut pouvoir la saisir.

Je suis sûr que tu as vécu des trucs compliqués, qui t'ont fait mal, qui t'ont peut-être détruit. Je suis désolé, mais c'est la vie.

Aujourd'hui, tu ne crois peut-être plus en toi. Le processus pour t'en remettre sera long, mais en attendant, tu peux croire en ceux qui croient en toi.

Il y en a sûrement autour de toi, regarde bien, et si tu ne les trouves pas, tu peux commencer par Émergence. Émergence, c'est du sérieux, tu verras ; eux, s'ils croient vraiment en toi, ils vont te le dire clairement et ils vont t'aider à réussir. Alors, n'hésite pas à aller leur parler, leur expliquer ce que tu penses, leur dévoiler tes rêves et tes doutes, parce qu'ils mettront tout en œuvre pour t'ouvrir la voie. Tu y trouveras même plein de gens comme toi, tu t'y feras peut-être des amis, et le programme te fera rencontrer des gens extraordinaires qui vont changer ta vie.

En bref, Émergence, c'est la famille.

Et puis il y a moi, aussi. Parce que si tu lis ça, sache que moi, je crois en toi. Je suis sûr que tu peux réussir tout ce que tu veux. Et si tu doutes, tu as mon nom, mon prénom et ma photo. Franchement, je ne suis pas difficile à trouver (mais évite le week-end et le matin très tôt, genre avant 9 h 30).

Ah oui, si tu es trop confiant, je ne t'ai pas oublié, je voudrais te dire que peu importe le parcours que tu as eu, peu importent les facilités que tu as pu avoir et les choix que tu vas faire par la suite, tu ne pourras pas tout réussir tout le temps. Prépare-toi à devoir te relever, c'est difficile, mais ce qui arrive après, c'est souvent la meilleure partie du jeu.

Je dis ça, mais tu es peut-être le futur Einstein (si tu ne le connais pas, Einstein, c'est Sheldon Cooper dans la vraie vie). Quoi qu'il en soit, si c'est ton cas : qu'est-ce que tu fais encore là ? Va nous inventer la téléportation !

Bon, c'est déjà trop long, et tu as encore plein de trucs super intéressants à lire, donc je vais m'arrêter là. En résumé, les raccourcis n'existent pas, tu es unique, mais pas tant que ça. Regarde *À la recherche du bonheur*, le film, c'est cool quoi que les gens disent, et va courir de temps en temps (si tu es en fauteuil, je me sens tellement mal d'avoir écrit ça).

Amuse-toi, lance-toi, essaye, échoue et réussis, fais une pause si besoin, réfléchis, entoure-toi bien et vis. L'aventure n'est pas toujours rose, mais sans moments sombres, on ne reconnaît plus les moments de clarté (ça, ça pourrait carrément être une phrase de Jean-Claude Van Damme).

Ça y est, je m'arrête vraiment maintenant.

À bientôt peut-être !

Adami Ammar est né à Roubaix en 1994. Après deux années de classe préparatoire aux grandes écoles, filière scientifique, au lycée Faidherbe de Lille, il a intégré l'École spéciale des travaux publics, d'où il est sorti ingénieur. Après avoir travaillé quatre ans en qualité d'ingénieur travaux en réhabilitation lourde de monuments historiques à Paris, il est actuellement en reconversion.

ENGINEERED

IBRAHIM

L'engagement

Mais les braves gens n'aiment pas que
l'on suive une autre route qu'eux
Georges Brassens « La Mauvaise réputation »

Très tôt dans les études, on nous demande de faire des choix. Des choix d'orientation qui nous donnent l'impression de restreindre le champ des possibles. Une manière de ne pas sortir du rang, de rester sur la barque. Si tu te sens inquiet à cette idée, si tu crains d'être ennuyé par les perspectives qu'on te présente, alors j'ai une bonne nouvelle pour toi : c'est le chemin qui compte, pas la destination. J'ai mis du temps à le comprendre. Tu ne vois peut-être pas en quoi cela devrait te rassurer, mais on y reviendra un peu plus tard.

Je me souviens de mon entrée à l'Université Catholique de Lille comme si c'était hier. J'avais choisi d'aller étudier en licence d'éco-gestion, non pas dans un but précis, mais parce que j'avais l'impression de ne pas trop me fermer de portes. Ce qui m'a le plus passionné cette année-là, c'était de suivre le cours d'improvisation théâtrale dans le cadre des cours optionnels. Et pourtant, pas question pour moi, à l'époque, de me réorienter vers une voie liée aux industries créatives. Cela semblait trop risqué, et puis il valait mieux viser la sécurité, par peur de se louper.

En parallèle à mes études, ma grande passion, c'était le basket-ball. C'était agréable d'aller jouer, de m'entraîner pour quelque chose que j'avais librement choisi et pas « parce qu'il fallait faire un choix », comme dans les études. Et devine quoi ? C'est ça qui fut le début d'une grande aventure. À la suite de la rencontre avec un entraîneur, j'ai rejoint pour la première fois de ma vie une association dont le nom me correspondait assez bien, « On parle pas, on agit », et dont le but était d'éveiller chez les jeunes la volonté d'entreprendre des actions positives. C'est ainsi que j'organisai mon premier voyage humanitaire, qui fut plus formateur en management que l'ensemble des cours que je suivais en licence. Lors de nos interventions dans les médias ou face au public, on me donnait l'occasion de m'exprimer, moi qui aimais l'exercice de prise de parole. J'étais aussi bien écouté par le grand patron du groupe Auchan, qui m'invita pour une conférence dans son château, que par des jeunes des quartiers sensibles de ma ville.

Ces engagements associatifs, ainsi que ma motivation à aller au bout de mes études, me permirent d'être lauréat d'Émergence en 2019. Je me souviens encore de la grande soirée en notre honneur, appelée « Temps fort », qui consistait à introduire la nouvelle promotion. J'étais chargé de prendre la parole face aux centaines de personnes venues assister à l'événement, afin de présenter une partie de la promotion. Amusé par l'exercice, je transformai l'essai en un véritable one-man-show, qui fit rire l'assemblée, réunie cette année-là dans le grand amphi de « La Catho » — la même salle où j'avais passé des examens de rattrapage tout au long de la licence. Tout un symbole.

C'est à partir de 2020 que je pris pleinement conscience de mon envie d'évoluer dans le milieu artistique. Je ne savais pas par quel moyen j'y parviendrais, mais au fil des rencontres et des expériences, j'ai commencé à voir quelque chose prendre forme, sans que je puisse l'identifier précisément. Alors que j'arrivais en dernière année de master en management des entreprises, en 2021, et que chacun dans ma promotion cherchait une boîte qui veuille bien lui offrir un CDI à l'issue de ses études, je vis le message d'un ami sur les réseaux sociaux qui souhaitait monter un projet audiovisuel avec d'autres roubaisiens.

« J'ai une bonne nouvelle pour toi : c'est le chemin qui compte, pas la destination. »

J'ai rejoint l'équipe sans vraiment savoir vers quoi cela me mènerait. Et c'est au fil des réunions que j'ai écrit ma première émission *Roubaix, une culture*, un talk-show sur ma ville, en partenariat avec Adidas, et dont j'étais l'animateur. Après la sortie de cette émission, à l'été 2021, je fus félicité par tout mon entourage, des habitants de ma ville et différents acteurs du monde artistique local. Peu après, je fus contacté par un ami artiste, qui avait créé sa propre structure, et qui me proposa de produire ensemble ma propre émission.

Nous sommes en 2022, et je ne sais pas encore jusqu'où tout cela va me mener. Pas là où je pensais en démarrant la fac, en tout cas. J'ai eu l'occasion, cette année, de travailler avec un célèbre magazine urbain parisien, ou encore d'effectuer un stage au sein de la production d'une série pour France 2. Je commence à me sentir légitime dans un milieu qui n'était pourtant pas en lien avec mes études. En fait, je te disais au début de cette lettre que l'important n'était pas la destination, mais le chemin. Cette phrase prend tout son sens aujourd'hui.

Si jamais tu te sens inquiet quant à ton orientation, pense à kiffer le chemin que tu prends. La destination n'en sera que plus merveilleuse.

Ibrahim Dahmani est né à Roubaix en 1997. Passionné de basketball et de culture hip-hop, il intègre le master en management des entreprises à l'Université Catholique de Lille, où il suit par ailleurs les cours de théâtre et d'improvisation et s'initie à la prise de parole en public. C'est le monde associatif qui lui offre l'opportunité de s'exprimer, l'amenant à écrire et animer sa première émission *Roubaix, une culture* en 2021. Ibrahim s'oriente désormais vers les industries créatives, un secteur où il développe et prend part à de nombreux projets.

acer

HAMZA
La rigueur

Frérot, comment ça va ?

Ça fait un bon bout de temps qu'on n'a pas discuté. Toujours aussi relax ? Les années de collège ont été tranquilles. Le brevet ?... Ah non, j'avais oublié : « Le brevet, c'est de l'eau ! » Pas de panique, comme toujours tout est sous contrôle, hein ! La première année de lycée, la seconde. Tu dois te dire : « Tranquille aussi, t'inquiète, il n'y a même pas d'épreuves de bac à la fin. Dès que le conseil de classe est passé, je ne reviens plus. Ça ne sert à rien, on va regarder des films et jouer aux jeux de société. Ça ne sert à rien que je vienne ! »

À partir de la première, tu es monté en pression. Les épreuves de français, l'écrit, sur un poème d'Andrée Chedid, les corpus de textes, les épreuves de sciences. Là, tu as connu le stress ! Ah, les premiers examens, les vrais ! Tu as commencé à bosser, mais sans faire le maximum, car tu savais au fond de toi que tu avais des capacités, sans même vraiment travailler. Les notions de travail et de rigueur, je sais que ce n'est pas trop ton truc. Tu es plutôt tranquille, relax : « De toute façon, mes notes sont bonnes rien qu'en lisant mes cours la veille du DS. Je ne vais pas faire des insomnies comme l'autre au premier rang pour, en plus, avoir la même note qu'elle. » La terminale, le bac, Parcoursup : tu ne ressens plus la même nonchalance. Tu es stressé, là ! Tu vas l'obtenir,

« Dans la vie,
tout est possible.
Ne te rabaisse jamais,
reste toi-même.
Reste droit, juste,
comme tu l'as toujours
été. »

ce bac ? Tu sais ce que tu veux faire l'année prochaine ? C'est le sup, frérot, c'est un autre monde ! Fini le lycée Pasteur et la belle vie. Au fait, félicitations pour ton bac avec mention, et un grand merci à la prof de maths qui te disait que tu n'allais jamais l'obtenir. Ça t'a touché, je sais, mais tu savais qu'elle racontait n'importe quoi, avec ses vecteurs, ses convexes, et ses concaves. Morale de l'histoire : n'écoute jamais les gens.

Un chapitre se ferme. Tu vas en ouvrir un autre... Enfin, pas qu'un seul. Mais je peux t'assurer que c'est le début d'une belle et longue histoire qui s'écrira pour toi, si tu y mets du tien. Si tu t'en donnes les moyens, tu vas réussir à coup sûr. Je sais que tu es bon !

Tu as déjà fait tout ce parcours, et sans forcer, en plus. Tout comme moi, tu sais qu'au niveau énergie, tu es au top. Devant toi se trouve ton premier grand défi : cinq années au minimum d'études supérieures, où l'on t'a dit que tu serais livré à toi-même, que tu devrais t'organiser, que personne ne serait derrière toi pour vérifier que tu as bien fait tes exercices, qu'on s'en foutrait si si tu es présent ou absent en cours magistral. Il va falloir te faire à l'idée que lire tes cours une seule fois ne te sera peut-être pas suffisant. Tu vas devoir apprendre et t'adapter à un nouveau mode de vie. Je te préviens, ça sera difficile, mais personnellement, je pense qu'il n'y a que Dieu, le travail, la rigueur et la détermination. Et les gens qui vont t'entourer t'aideront à surmonter toutes ces épreuves.

Tu vas découvrir les insomnies, les révisions en pleine nuit à quelques heures des partiels. Toi qui disais « je ne vais pas faire des insomnies comme l'autre au premier rang pour en plus avoir la même note qu'elle », je pense que là, tu y seras obligé, et ce n'est que le début. Tu vas devoir te construire, avoir des valeurs, ne pas oublier d'où tu viens. Et tu sais, comme je le sais, que tu n'as pas le droit d'échouer. Beaucoup d'espoir a été placé en toi, et c'est ce qui fera ta force, ta détermination. Et c'est grâce à cela que tu vas devenir un bosseur, un vrai !

Tu vas connaître l'échec, des notes très basses par moments, alors que tu auras le sentiment d'avoir bossé comme un fou, d'avoir révisé comme personne d'autre. Mais tu es encore loin de la réalité : trois heures pour réviser un cours, ce n'est rien. Tu vas découvrir les 10 h-18 h à la B.U. Rappelle-toi les valeurs qu'on t'a inculquées, replonge-toi dans le passé, et pose-toi les bonnes questions. Tes parents, ta famille, ils vont en penser quoi ? Ils ont placé tellement d'espoir en toi que tu ne peux pas les abandonner de la sorte, tu ne peux pas partir comme ça ! Tu vas apprendre à te relever, une première fois, une deuxième fois, sans qu'il y en ait de troisième, car à partir de la seconde fois, tu auras compris. Ce mode de vie te paraîtra normal. Tu vas apprendre à réussir en souffrant, et tu verras que tu seras fier, surtout dans un système comme le nôtre où la méritocratie est mise en avant. Un 16 au lycée en dormant ne te faisait aucun effet, alors qu'un 16 en commentaire d'arrêt, quand tu l'as bossé pendant six heures, te rendra super heureux. Et tu verras qu'avec la difficulté vient la facilité.

À la fac, tu vas rencontrer des gens, des profs, des élèves, et grâce à eux, tu vas te forger un certain caractère. Je me souviens d'un élève qui, en première année, voulait entrer en concurrence avec moi. Sûrement un frustré qui ne comprenait pas qu'un Maghrébin de quartier se place premier du groupe de TD et 21e au classement de toute la promotion, alors que lui seulement 102e (LOL). Ils vont parfois essayer de te déstabiliser en disant : « Je parie que tu n'as pas fait ta dissertation solo. Impossible que tu arrives à avoir 16, il doit bien y avoir quelque chose derrière. » Sers-toi de ces personnes qui vont te donner l'envie de te surpasser par pur plaisir de les faire taire, mais fais-le sans animosité, toujours avec le sourire. Tu vas en ressortir grandi, je t'assure.

Cette confiance en toi viendra avec le temps, mais surtout grâce aux personnes qui t'entourent. N'oublie jamais ta famille, c'est ta force, ton pilier, mais ouvre-toi au monde. Avec des dispositifs comme celui des programmes comme celui d'Émergence, tu vas faire des rencontres et certaines personnes vont t'aiguiller, te faire découvrir autre chose. Tu vas faire la connaissance de gens importants que tu considéreras comme ta famille.

Ouvre-toi au monde, ne te mets jamais de barrières. Dans la vie, tout est possible. Ne te rabaisse jamais, reste toi-même. Reste droit, juste, comme tu l'as toujours été.

L'avenir t'appartient donc, j'ai confiance en toi, je sais que tu vas y arriver ! On se revoit dans dix ans, quand on sera en place, avec de beaux postes, de bons salaires, propriétaires de biens immobiliers, mariés et avec des enfants. On se fera un barbecue dans le jardin en racontant nos parcours à nos enfants.

Prends soin de toi, la réussite t'attend.

Hamza Brik est né à Lille en 2002.
Il est actuellement étudiant en 3e année de droit à l'université de Lille et se destine à la carrière de commissaire de police ou d'avocat. Il est passionné de football et d'écriture.

OCÉANNE

La fierté

Salut, toi !

Si tu lis cette lettre, c'est que tu dois être dans une période de ta vie où il est temps de faire des choix, à la fois pour ton avenir et sur le plan personnel. Tu es sûrement en période de doute, de remise en question, et surtout en recherche de solutions. Tu fais face à de nombreux problèmes, ou tu as déjà dû y faire face. Tu dois gérer de nombreuses choses en même temps, et c'est ce qui fait que tu en es là. Mais sache que des solutions existent. C'est pour cela que je t'écris. Pour que tu voies que tu n'es pas seule et que tu peux t'en sortir.

Au lycée, nous avons sûrement traversé la même phase de questionnement : quelles études ? Pour quel métier ? Comment y arriver ? À quel prix, financier et personnel ? Comment gérer la sortie de l'adolescence pour la vie d'adulte ? Quels sont les problèmes qui nous attendent ? Et tellement d'autres questions encore.

Les doutes, c'est ce qui a rythmé mon année de terminale. Comment suivre les études d'ingénieur que je voulais faire ? Des études qui durent cinq ans et qui coûtent entre 5 000 et 10 000 € l'année. Comment les financer ? Peut-être que la solution était de changer de domaine. J'ai passé des mois à chercher des études moins chères, qui rentraient dans mon budget. J'ai même pensé à tenter une PACES (première année commune aux études de santé), moi la fille qui n'aime pas travailler pendant des heures. Mais tout me ramenait au même projet. Et, en plus de mes études, je devais penser à trouver un endroit où vivre. Car j'allais devoir quitter le cocon qui me tenait lieu de famille. En accédant à Émergence, j'ai pu arrêter de penser à tout ça. Je savais que l'aspect financier ne serait plus un problème et que je pourrais me concentrer sur l'essentiel. Ce programme a couvert mes arrières, et je crois qu'il pourrait également t'aider.

Les sentiments font sûrement partie des choses compliquées pour toi : tous ces bagages émotionnels qui constituent un frein, qui encombrent une grande partie de ta vie, et qui t'aident pourtant à faire des choix. Ce sont eux qui t'ont forgée, qui t'ont permis de devenir la personne que tu es. Eux qui t'empêchent également d'avancer, mais qui t'aident à aller loin. En ce qui me concerne, ces bagages émotionnels ont toujours été nombreux et lourds, et de temps en temps durs à oublier. Mais je te mentirais en te disant que sans eux, je serais dans une meilleure situation à l'heure actuelle. Ce sont eux qui m'ont aidée à ouvrir les yeux, à savoir ce que je voulais. Et c'est sûrement ton cas. Sans eux, tu n'aurais pas les mêmes ambitions, et tu te demanderais sûrement quel chemin prendre.

Tu as sûrement déjà entendu dire que pour réussir, il fallait obligatoirement venir d'un certain milieu, dont tu ne fais pas partie. Mais sache qu'en te donnant à fond, tu pourras leur prouver à tous qu'ils ont tort. À l'heure où je te parle, j'ai déjà commencé à le prouver à de nombreuses personnes et j'en suis fière. Pour certains, c'est juste notre fierté qui parle, mais la vérité, c'est que nous ne devons pas accepter ce qu'on nous dit. Nous devons prendre notre vie en main. Et si tu es encore en train de lire cette lettre, c'est que toi aussi tu veux prouver la même chose.

C'est pour cela qu'Émergence existe. Car si nous n'avons pas choisi cette situation, nous pouvons toujours décider d'en sortir. Ce programme a été créé afin d'aider les gens comme toi, comme moi, comme nous. Pour

« Vois loin, prévois
loin et vise loin.
Ne te contente pas
de ce que l'on te
donne, et va prendre
ce qui te revient. »

leur donner une chance d'intégrer des écoles qu'ils ne pouvaient pas se payer et qui leur paraissaient inaccessibles. Mais tout est accessible si l'on s'en donne les moyens, alors vas-y. Fais comme chaque lauréat de ce programme, donne-toi à fond, tente ta chance, lance-toi dans les projets dont tu rêvais quand tu étais enfant — des projets qui paraissaient fous à ton entourage. Vois loin, prévois loin et vise loin. Ne te contente pas de ce que l'on te donne, et va prendre ce qui te revient. Même si pour cela il faut vivre les pires choses. Rien ne sera pire que ce que tu as déjà vécu, et si tu as réussi à te relever, alors tu te relèveras pour tout. Ne te mets aucune barrière dans aucun domaine, c'est ce qui te permettra d'avancer, et surtout de réussir.

Je ne vais pas te mentir en te disant que ce sera facile, que tout se passera bien. Mais c'est justement ça qui fait que tu seras fière de ta réussite et de toi-même. Actuellement, dans un domaine d'hommes, j'entends tous les jours des réflexions, et je continuerai de les entendre, je le sais. J'apprends juste à en rire et à répliquer, pour que les autres puissent voir que ce ne sont pas des difficultés qui m'arrêtent. Lorsque j'entends « la place de la femme, c'est dans la cuisine », il me suffit de répondre que « si la mienne est dans la cuisine, alors celle de l'homme est à l'usine ». Une simple réflexion qui nous fait rire, mais qui, je le sais, les fait réfléchir. Et c'est comme cela que j'avance, en apprenant à répondre, à rire des choses et à ne pas me fermer à la moindre difficulté.

Je sais qu'à l'heure actuelle, tu te dis qu'il t'est impossible d'imaginer ta vie sans certaines personnes qui te freinent et t'empêchent d'avancer. Apprends à te détacher d'elles, à vivre ta vie sans elles. Le plus gros conseil que j'aie à te donner, c'est de t'en séparer. Personne n'est irremplaçable et indispensable. J'ai moi-même vécu cette situation, et j'ai réussi à me séparer des mauvaises personnes (même si ce sont celles qui m'ont donné la vie). C'est la meilleure décision que j'aie prise. Heureusement, d'autres personnes qui t'entourent, beaucoup plus bienveillantes, vont jouer un rôle de plus en plus important dans tes études supérieures. Elles vont t'encourager, t'aider à créer ton réseau, et même t'aider à te sortir des difficultés.

Construis ton réseau et développe-toi. Le dispositif Émergence m'a beaucoup accompagnée pour cela. Il m'a aidée à trouver mon stage de BTS dans l'une de ses entreprises partenaires. Dans mon domaine, j'ai également rencontré beaucoup de personnes qui me seront utiles dans l'avenir. Sans leur aide, je ne serais pas là pour t'en parler, et je suis fière de pouvoir le faire. Si seulement je pouvais t'ouvrir à d'autres horizons et, qui sait, te laisser entrevoir un avenir meilleur que celui que tu avais prévu.

Fais ce que tu veux, épanouis-toi, vis ta vie et sois heureuse. Sois fière de ce que tu entreprends, et prouve-toi que tu n'es pas comme les autres.

Merci à toi d'avoir pris le temps de me lire. Sache que notre avenir n'est pas tout tracé, et que nous avons le pouvoir de le changer.

Alors, prends les choses en main.

Océanne

P.-S. Une dernière petite chose : chaque personne vit des épreuves, chacun rencontre des obstacles, mais la différence pour chaque être humain est sa manière de les affronter, de leur accorder ou non de l'importance. Rester dans le passé ou aller de l'avant. À toi, maintenant, de faire le bon choix.

Océanne Martinage est née à Roubaix en 2002. Après un baccalauréat scientifique, elle a obtenu un BTS électrotechnique. Elle est actuellement en classe préparatoire adaptation technicien supérieur, avec l'objectif d'intégrer une école d'ingénieur dans le domaine énergétique ou industriel.

ISMAËL

L'énergie

Salut, toi !

J'espère que tu vas bien. J'aimerais te parler de deux ou trois petites choses. À l'heure où tu lis ce texte, tu es sans doute au lycée et tu t'apprêtes à passer l'examen du bac. Tu stresses ?... C'est normal, mais ne t'inquiète pas, tu peux le faire. Avec de l'acharnement, de la discipline et un travail sérieux, tu peux y arriver, même si cela te semble très compliqué, voire impossible. Est-ce que tu ne serais pas fier d'avoir réussi cet « impossible » ? Ça fait un peu discours de vieux sage, je te l'avoue, mais ne te dis jamais que tu n'es pas capable de surmonter une épreuve, comme le bac ou un quelconque obstacle, parce que c'est faux !

Je sais que tu n'es pas en train de traverser une période facile, et tu n'as peut-être pas super confiance en toi. Le dernier diplôme que tu as dû valider, c'était peut-être le brevet ou que sais-je... Ce qui est sûr, c'est que tout ça remonte à très loin, et que depuis ce temps, tu as évolué. Tu es devenu plus mature, tu as surmonté beaucoup d'épreuves, et tu n'as pas abandonné. Ça t'a rendu plus fort, tu ne t'en rends pas forcément compte, mais c'est pourtant vrai.

Tu es ambitieux et déterminé, mais tu te sens perdu ? Tu n'es pas sûr de ce que tu veux faire après ? Des études de trois ans, cinq ans, ou dix ans ? Dans quel domaine ?

« Tu imagines si travailler en permanence était notre unique raison d'être ? C'est un truc de robot, et on n'est pas des cyborgs. Trouve juste un équilibre entre le travail et le temps que tu t'accordes. »

Et pour quoi faire ensuite ? Dans quoi pourrais-tu t'épanouir et te sentir bien ? Toutes ces questions, tu te les poses. Ce brouillard dans ton esprit, c'est normal. Je te rassure, nous ne sommes pas seuls dans cette situation et à ressentir ces choses. Tu cherches le meilleur pour toi et c'est très bien. Tu as des rêves, des ambitions, des objectifs à accomplir. Tu cherches à devenir quelqu'un, à être fier de toi et de ce que tu as accompli, et surtout à rendre fiers tes parents.

Vu que tu empruntes le chemin des longues études, j'ai envie de te dire que l'obtention de ton bac marque le début d'un grand voyage. Pour être honnête avec toi, je ne cherche pas du tout à te vendre du rêve. Certes, tu vas rencontrer lors de cette période d'études supérieures de nouvelles personnes, avec qui tu vas évoluer et passer des moments mémorables. Tu vas découvrir des disciplines qui te plairont, et d'autres non. Tu vas passer parfois du bon temps, c'est normal, découvrir un monde totalement différent de celui du lycée, parce que oui, ça y est, le lycée c'est fini ! Maintenant, tu rentres dans la cour des grands.

En revanche, tu rencontreras des moments difficiles. Tu obtiendras peut-être des notes que tu n'avais jamais eues auparavant. Tu seras déçu et frustré, mais ce n'est en aucun cas une fatalité, loin de là. Le tout, c'est de garder la tête haute, de ne pas tomber dans le cercle vicieux du « finalement, peut-être que tout ça n'est pas fait pour moi » et d'abandonner. Tu penses que les obstacles auront raison de toi ? Non, tu es quelqu'un de vaillant. Prends ton mal en patience, c'est en échouant que tu apprends. D'ailleurs, je vais partager avec toi une citation que j'ai lue dans un livre et que j'ai retenue, car elle m'inspire beaucoup. Elle pourrait t'inspirer également, c'est une citation de Niels Bohr, un physicien danois, qui dit : « Un expert, c'est celui qui a fait toutes les erreurs qu'il est possible de faire dans un domaine. »

Ce qu'il faut retenir de ça ? Simplement que lorsque tu commets des erreurs dans ta discipline, c'est tout à fait normal. Cela fait partie du processus. Donc ne désespère pas et mets ta mauvaise foi de côté. Je t'assure que penser de manière négative ne t'apportera rien ; au contraire, cela va empirer les choses et tu feras encore plus d'erreurs. Ça détruira ta confiance. Voilà ce que j'entends par cercle vicieux. Évite de tomber dans ce piège.

Ce dont tu as besoin pour réussir est très facile à dire, mais très difficile à mettre en œuvre. En effet, tu dois miser sur la discipline plus que sur la motivation. Ne dépendre que de petits à-coups de motivation, ce n'est pas suffisant. Tu auras besoin de discipline pour persévérer. L'idée ici, c'est de subir la douleur de la discipline plutôt que de subir la douleur du regret, ce qui est le pire selon moi.

Tu verras, c'est pénible, mais c'est pour la bonne cause. Pour réaliser tes rêves. Et tout ça nécessite de la patience et du courage, et tu en es capable, crois-moi. Et puis tu dois te souvenir d'une chose ; les études sont certes importantes, mais il n'y a pas que ça dans ta vie. Sinon ce serait triste, tu ne crois pas ?

Bien sûr qu'il n'y a pas que les cours et le travail dans la vie, la réponse est évidente. Tu imagines si travailler en permanence était notre unique raison d'être ? C'est un truc de robot, et on n'est pas des cyborgs. Trouve juste un équilibre entre le travail et le temps que tu t'accordes. C'est important de savoir prendre soin de toi, de faire des choses qui te plaisent en dehors de l'école. Ça peut être le sport ou la lecture, ou passer du temps avec tes amis et ta famille. Mais aussi apprendre des choses ou des compétences qui t'intéressent et qui peuvent t'être utiles pour ce que tu veux devenir plus tard, ou juste pour le plaisir et la culture générale. Et d'ailleurs, si comme moi, au lycée, tu lis zéro livre à part ceux qu'on étudie en classe, commence à lire, achète des ouvrages qui parlent de sujets qui t'intéressent. Ça te sera utile.

Enfin, si je peux te donner un dernier conseil, ça serait de faire ce que tu veux vraiment faire. Ça te permettra de t'épanouir. Ne fais pas ce que les autres t'imposent, même tes parents, parce que finalement, c'est ton avenir, et pas le leur, qui est en jeu. Tu peux prendre en compte leur avis et réfléchir, mais au bout du compte, c'est toi qui dois choisir. Fais ce qui te paraît juste, et si quelque chose te paraît injuste, au contraire, n'hésite pas à donner ton avis. Ne sois pas trop inquiet pour l'avenir. Il est possible que ton chemin change pendant tes études, car tu vas grandir, devenir plus mature et ton regard sur le monde va changer. Un parcours atypique n'est pas un mauvais parcours. Ce qui compte, c'est qu'à l'arrivée, ça te plaise, et que tu t'y sentes bien. Et si les autres critiquent ce que tu fais, ne te décourage pas.

Vas-y, et fonce !

Ismaël Boulacheb est né en 2003.
Il est actuellement étudiant en première année de licence MIASHS (mathématiques et informatiques appliquées aux sciences humaines et sociales), à l'université de Lille.

Postfaces

Candidats, nous les avons aidés ! Lauréats, ils vont nous aider, car nous avons besoin d'eux !

Quelle émotion de lire ces lettres où chacun s'adresse à celui qu'il a lui-même été, où tous expriment à la fois leurs difficultés de départ, le chemin difficile parcouru grâce à leur détermination et à l'aide d'Émergence, en dépit de leurs différences d'origines et de cultures, et où tous affichent leur réussite universitaire et professionnelle... mais « sans jamais oublier d'où ils viennent »... !

Quelle profonde satisfaction pour nous, fondateurs du programme, de ressentir son impact sur le parcours de ces jeunes, de les voir « passer de l'Alma à La City », comme le dit Alicia, de valider que leur profil correspond bien à celui que nous recherchions, et d'être assurés finalement qu'ils seront dans leur vie plus forts que « les autres » !

Quelle chance nous avons, nous les accompagnants, et eux les lauréats, de bénéficier de la compréhension et du soutien financier d'entreprises marraines de plus en plus nombreuses, de leurs cadres qui s'engagent personnellement et des dirigeants d'écoles supérieures et de facultés qui ont compris le problème en allégeant les scolarités !

Quelle humilité nous devons cependant conserver face au courage, au travail, à la discipline, à la détermination dont ils font preuve et qui constituent, à la lecture de ces lettres, les causes essentielles de leurs belles trajectoires universitaire, professionnelle et sociale.

Quel bonheur, enfin, de vivre dans une région où les élites économiques et universitaires sont conscientes de la nécessité de vivre ensemble et de réduire les difficultés financières, sociales et culturelles de ceux qui, venant souvent de loin, ont la volonté et la capacité de faire des études supérieures et de devenir des acteurs responsables et citoyens à part entière de la société française.

Candidats, nous les avons aidés ! Lauréats, ils vont nous aider, car nous avons besoin d'eux !

Bruno Libert,
Initiateur du programme Émergence,
Vice-président d'Aréli

Prenez les choses en main, faites un monde plus juste !

À Érika, Alicia, Christophe, Daniel, Gagik, Kelian, Anissa, Adami, Ibrahim, Hamza, Océanne, Ismaël et aux autres lauréats d'Émergence.

Écrire une lettre. Pas un sms ni un post, écrire une lettre, une vraie, une longue lettre.

Vous étiez douze, plus Patrick ; treize à la table d'écriture.

Peut-être que cela aide, d'être ensemble.

Je vous imagine au début de ces deux jours, avec des souvenirs et des émotions qui reviennent. Des mots, des idées qui se bousculent au bout des doigts. Une envie de dire, mais sans doute aussi une retenue, une hésitation. Que dire ?

Me voilà dans la même situation que vous ; par contre, je suis seul devant une page blanche.

Je vous confie cette lettre tout en pensant qu'elle s'adresse d'abord à moi, parce qu'elle est inévitablement un retour à mon histoire, à ma vie. Avec une évidence, liée à mes origines et à la situation sociale de mes parents : j'aurais pu être un lauréat d'Émergence.

Cette communauté de vécu amplifie l'émotion que je perçois à la lecture de vos lettres et renforce le respect que j'ai pour vous.

Vous avez raison : il n'y a pas de chemin tout tracé ; bien sûr, certains sont plus avantagés que d'autres, mais nous avons tous la possibilité d'être auteur et acteur de notre vie. Il suffit souvent d'une rencontre pour révéler en nous quelque chose qui était enfoui, parce que « pas logique », « pas conforme » à notre situation, à notre statut social.

Une de vos rencontres « émergentes » a été ce programme qui vous a permis de découvrir des femmes et des hommes qui ont cru en vous, qui ont rêvé avec vous, qui vous ont poussés et parfois tirés.

Cette postface en forme de lettre doit être le dernier texte du livre. Cependant, je ne veux pas clore, mais ouvrir.

Ouvrir à cette personne qui n'est pas là, cette quatorzième qui manque à la table d'écriture. À celle qu'on dit sans talent, sans ambition et sans avenir. À cette personne qui n'a pas encore eu la chance de faire cette rencontre « émergente ». Cette absente, je vous la confie. Prenez-en soin. C'est à vous de lui créer des opportunités pour révéler, en elle, ce quelque chose enfoui, car « pas conforme »...

Prenez les choses en main, faites un monde plus juste !

Amaro Carbajal
Président d'Aréli

Zoom sur la sélection de la 20e promotion d'Émergence Année 2022

GAP

Merci à l'ensemble des partenaires d'Émergence qui soutiennent le programme et accompagnent les jeunes lauréats. La réussite du programme repose indéniablement sur leur engagement, leur énergie, leur enthousiasme, la complémentarité et la qualité de leurs liens.

Ce livre est une œuvre collective

Les lettres :

Érika Ralambotsirofo, Alicia Bourabaa, Christophe Turon, Daniel Zawadzki, Gagik Sarkisyan, Kelian Nzola-Legrin, Anissa Marbouh, Adami Ammar, Ibrahim Dahmani, Hamza Brik, Océanne Martinage, Ismaël Boulacheb

L'atelier d'écriture :

Patrick Varetz est écrivain. Il est né en 1958 à Marles-les-Mines, dans le Pas-de-Calais. L'essentiel de son travail est publié aux éditions P.O.L, soit à ce jour six romans et deux recueils de mille poèmes. Dernier titre paru : *Nu-propriétaire* (2022).

Les photographies :

Tout commence par un voyage en Irlande. **Selim Brahimi** et **Adrien Delcourt** pratiquent la photo ensemble pour la première fois. À leur retour, ils créent une chaîne YouTube et l'alimentent régulièrement de vidéos. Selim intègre YMTV, un média qui promeut la culture urbaine dans les Hauts-de-France, et invite Adrien à le rejoindre. Sur les tournages, leur complicité artistique grandit... jusqu'à leur valoir le surnom de Frères Lumières. Le duo est né ! Frères Lumières est aujourd'hui une entreprise spécialisée en photo et vidéo, avec une prédilection pour la métropole lilloise. Adrien est lauréat de la promo 2018 du programme Émergence.

Une réalisation des éditions invenit
Direction éditoriale : Dominique Tourte
Création graphique : Léo Girard
Maquette : Valérie Dussart
Relecture : Marie-Aude Guéroult-Manhes

Photographies : FRERES PRODUCTIONS LUMIERES

Diffusion L'Entre Livres / Distribution Belles Lettres

ISBN : 9782376800972
Dépôt légal 4e trimestre 2022

Éditions invenit – 15 place du Maréchal Leclerc – 59800 Lille
www.invenit.fr

Cet ouvrage a été achevé d'imprimer le 5 novembre 2022
sur les presses de l'imprimerie Albe De Coker à Anvers.